Jim Newheiser

Ich brauche eine
GEMEINDE

Beratender Herausgeber: Dr. Paul Tautges

Jim Newheiser
Ich brauche eine Gemeinde

1. Auflage 2020

ISBN: 978-3-947196-56-2
Alle Rechte vorbehalten.

Originaltitel: Help! I Need A Church
Copyright © 2016 by Jim Newheiser
Published by Shepherd Press, Wapwallopen, PA 18660

Copyright © der deutschen Ausgabe 2019 by
EBTC Europäisches Bibel Trainings Centrum e. V.
An der Schillingbrücke 4 · 10243 Berlin
www.ebtc.org

Bibeltexte sind der *Schlachter 2000* entnommen.
Copyright © 2000 Genfer Bibelgesellschaft
Wiedergegeben mit freundlicher Genehmigung.
Alle Rechte vorbehalten.

Übersetzung: Jo Frick
Lektorat: Sinja Heinemann, Anselm Strehlke
Cover & Satz: Oleksandr Hudym
Herstellung: ARKA, Cieszyn (Polen)

INHALTSVERZEICHNIS

EINLEITUNG

Durch über zwanzig Jahre Mitarbeit an einem biblischen Seelsorgezentrum habe ich immer wieder beobachtet, dass einer der Hauptgründe dafür, dass Ratsuchende keine Fortschritte machen, der ist, dass es ihnen an einer gesunden Beziehung zu einer stabilen, biblischen Gemeinde mangelt. Manchmal liegt es an der Ortsgemeinde, die ihrer Hirtenaufgabe nicht nachkommt und es unterlässt, ihre Schafe zu züchtigen, wenn es nötig ist. Einige Gemeinden drücken sich um ihre biblische Verantwortung und verlassen sich ausschließlich auf außenstehende Seelsorger, die ihren problembeladenen Gliedern helfen sollen. Oft liegt es jedoch an den Ratsuchenden, die sich nie einer gesunden, bibeltreuen Gemeinde angeschlossen haben. Folglich haben sie in Krisenzeiten keinen Zugang zu den Ressourcen und der Hilfe, die Gott innerhalb der örtlichen Gemeinschaft von Gläubigen bereithält. Manchmal wenden sich Menschen an außenstehende Seelsorger als Ersatzpastoren. In solchen Situationen liegt eine der wichtigsten Aufgaben eines biblischen Seelsorgers darin, seinen Ratsuchenden darin zu unterstützen, eine verpflichtende Beziehung mit einer stabilen Ortsgemeinde aufzubauen, wo sie nachhaltig in den Genuss kommen, dass man sich um sie sorgt und wo sie sich um andere sorgen können. Obwohl eine Krise eigentlich nicht der beste Zeitpunkt ist, sich eine Gemeinde zu suchen, kann Gott solch eine Prüfung gebrauchen, um die Seinen in eine bibeltreue Gemeinde zu führen, in der sie auf Jahre hinaus gesegnet werden (und auch für andere ein Segen sein werden).

Es gibt verschiedene Gründe, warum bekennende Christen nicht an eine biblische Gemeinde angebunden sind. Wir haben Situationen, wie die folgenden, beobachten können:[1]

Richard und Jodie besuchen seit ein paar Jahren eine beliebte Gemeinde, zu der sie sich wegen der bewegenden Anbetungsmusik, dem dynamischen (und humorvollen) Pastor und der Programme, von denen ihre Kinder begeistert sind, hingezogen fühlen. Vor mehreren Wochen begann ihre 14-jährige Tochter Michelle damit, sich nachts aus dem Haus zu schleichen, um gemeinsam mit ihrem Freund Drogen zu nehmen und sich unzüchtig zu verhalten. Jodie versuchte, Michelle darauf anzusprechen, die daraufhin ausrastete. Die Auseinandersetzung artete so aus, dass die beiden

---

[1] Die Namen und einige Einzelheiten in diesen Szenarios sind geändert worden.

sich am Ende nur noch gegenseitig anbrüllten. Richard versuchte einzugreifen, indem er sich auf Michelles Seite stellte. Er warf Jodie vor, zu streng zu sein, mit dem Ergebnis, dass Jodie und Richard nun kaum noch miteinander reden. Sie riefen in der Gemeinde an und baten um Familienseelsorge. Im Gemeindebüro sagte man ihnen, dass die Pastoren keine Seelsorge anbieten, sondern dass man ratsuchende Gemeindeglieder grundsätzlich an örtliche Psychologen verweist. Richard hoffte, dass die Bibel Antworten auf ihre Situation bereithalten würde. Jodie machte sich Sorgen über die Kosten der Seelsorgetherapie.

Dan und Darla sind seit dreißig Jahren verheiratet. Sie waren in ihrer Ortsgemeinde engagiert. Dan diente jahrelang als Diakon und Darla leitete die Frauenarbeit. Vor drei Jahren kam es zu einer schlimmen Spaltung der Gemeinde, in der sie über zwanzig Jahre lang Mitglied gewesen waren. Es schien so, als wären die Leute auf beiden Seiten nachtragend und einander übelgesinnt. Dan und Darla ging das sehr nah und sie waren sehr betrübt. Es war geradezu so, als lebte man in Scheidung. Schließlich verließen sie ihre Gemeinde. Monatelang konnten sie sich nicht aufrappeln, in irgendeine andere Gemeinde zu gehen. Mittlerweile besuchen sie ab und zu die Mega-Gemeinde in ihrer Nähe, wobei sie stets auf den letzten Drücker kurz vor

Beginn des Gottesdienstes eintreffen und noch beim letzten Lied wieder hinausschleichen. Beide sind so enttäuscht, dass sie sich geschworen haben, sich nie wieder einer Gemeinde anzuschließen. Das Risiko erneut verletzt zu werden, ist einfach zu hoch. Sie haben sogar schon erwogen, sonntags ihren eigenen kleinen Gottesdienst zuhause zu feiern.

James und Sally besuchten eine wachsende, erst kürzlich gegründete Gemeinde, die sich damals in einer Schule traf. Sally sang im Musikteam mit, während James einen Hauskreis mitleitete. Im Laufe der Zeit bemerkte James jedoch, dass sich Sally und eines der männlichen Musikteammitglieder näher zu kommen schienen. James sah sie sogar einmal händchenhaltend nach einer Probe. James stellte Sally zur Rede. Sie gab zu, dass sie und Sam, der Bassist, sich stundenlang unterhalten hatten und einen Draht zueinander hatten, den sie so niemals zu James gehabt hatte. Sie beteuerte zwar, dass sie keinen Sex miteinander hatten, aber bekannte auch, dass sie sich gelegentlich schon geküsst hatten. Sie wollte ihren „Seelenverwandten" nicht aufgeben. Nach einem erfolglosen Konfrontationsversuch bei Sam wandte sich James an Phil, den Hauptpastor. Zunächst wollte Phil überhaupt nichts unternehmen, sondern sagte nur, „Du hast keine Beweise dafür, dass sie Ehebruch begangen haben. Außerdem ist Sam unser einziger Bassist. Ich kann mir wirklich nicht leisten, ihn zu verlieren". Als James protestierte, stimmte Phil zu, dass Sally und Sam wohl besser nicht im Anbetungsteam bleiben sollten. James fragte dann Phil, ob die Gemeindeleitung darüber hinaus noch etwas unternehmen würde. Phil erwiderte, „Wir sind eine junge Gemeinde und noch nicht so weit, dass wir Gemeindezucht umsetzen könnten".

John und Cindy wuchsen in ihrem Glauben in erster Line dadurch, dass sie gute christliche Bücher lasen und sich Auslegungspredigten im Internet anhörten. Sie kamen zu der Einsicht, dass sie ihre auf Besucher ausgerichtete Mega-Gemeinde verlassen und sich eine Gemeinde suchen sollten, die mehr ihren neugewonnenen Überzeugungen entsprach. Nachdem sie die Glaubensbekenntnisse unterschiedlicher Gemeinden online recherchiert hatten, entschieden sich John und Cindy für eine kleine Gemeinde, die wie sie auf tiefere Auslegungspredigten Wert legte. Anfangs waren John und Cindy sehr glücklich in ihrer neuen Gemeinde, wo die Menschen ihren Glauben viel ernster zu nehmen schienen. Doch im Laufe der Zeit ist ihnen das eine oder andere negativ aufgefallen. Ihre neue Gemeinde scheint nicht viel Wert auf Evangelisation zu legen. Die Verantwortlichen leiten mit eiserner Faust und versuchen sogar manchmal, in Angelegenheiten der christlichen Freiheit in die persönlichen Entscheidungen der Gemeindeglieder einzugreifen. Am meisten stört John und Cindy, dass immer, wenn eine Familie die Gemeinde verlässt, der Pastor sie öffentlich kritisiert und sie nahezu als Verräter hinstellt. John und Cindy fragen sich, ob sie einen großen Fehler begangen haben, sich dieser kleinen Gemeinde anzuschließen.

In diesem Büchlein werden wir uns anschauen, was die Bibel über die Ortsgemeinde zu sagen hat. Außerdem werden wir Lösungen für einige der Probleme finden, mit denen sich diese Paare herumgeschlagen haben.

1.
WARUM DU EINE ORTSGEMEINDE BRAUCHST

Wir haben viele Probleme gesehen, die mit dem Gemeindeleben einhergehen. Gemeindeglieder, einschließlich der Gemeindeleiter, sind immer noch Sünder. Folglich wird es zu Konflikten kommen. Menschen werden dich enttäuschen. Gefühle werden verletzt werden. Einige fragen sich, „Warum brauchen wir die Gemeinde eigentlich, wenn wir doch bereits eine persönliche Beziehung mit Christus haben?" Andere kritisieren die Institution der Ortsgemeinde und versuchen, Alternativdienste zu gründen, die an ihre Stelle treten. Wenn wir allerdings in die Bibel hineinschauen, finden wir die folgenden Lehren, die aufzeigen, warum wir Teil einer Ortsgemeinde sein sollen.

DIE GEMEINDE IST WICHTIG

Unser Herr Jesus Christus hat die Gemeinde als die Institution ins Leben gerufen, die sein Werk zwischen seiner Himmelfahrt und Wiederkunft ausführen würde.

> Und ich sage dir auch: Du bist Petrus, und auf diesen Felsen will ich meine Gemeinde[2] bauen, und die Pforten des Totenreiches sollen sie nicht überwältigen. (Mt 16,18)

Das ist eine gute Nachricht! Trotz der Schwächen und Unzulänglichkeiten jener, die sich in der Gemeinde befinden, ist Jesus selbst der wahre Gemeindegründer. Wenngleich Ortsgemeinden und Denominationen kommen und gehen, wird Jesus es nicht zulassen, dass seine Gemeinde versagt. Wenn eine Gemeinde oder Denomination sich vom Evangelium abwendet, ruft Jesus eine andere ins Leben.

Jesus kümmert sich innig um seine Gemeinde, die er mit seinem eigenen Blut erkauft hat (Apg 20,28). Die Gemeinde wird als seine geliebte Braut beschrieben

---

[2] Das Wort „Gemeinde" bezieht sich manchmal auf die Universalgemeinde (wie in Mt 16,18) und manchmal auf eine Ortsgemeinde. Die Universalgemeinde setzt sich aus allen Gläubigen zusammen, die auf verschiedene Ortgemeinden verteilt sind.

(Eph 5,25) und er nimmt in ihr Wohnung (1Kor 3,16–17). Die Universalgemeinde, die aus allen Gläubigen aller Zeitalter besteht, manifestiert sich in vielen individuellen Ortsgemeinden. Auch der Apostel Paulus erklärt die Wichtigkeit der Ortsgemeinde, indem er sich auf sie bezieht als

> Haus Gottes, welches die Gemeinde des lebendigen Gottes ist, der Pfeiler und die Grundfeste der Wahrheit (1Tim 3,15).

Die Ortsgemeinde ist Gottes auserwähltes Instrument für Mission und Evangelisation. Das wird durch die Gemeinde in Antiochia veranschaulicht, die Paulus und Barnabas auf ihre erste Missionsreise aussandte (Apg 13,1–3). Diese Missionsbestrebung konzentriert sich nicht nur darauf, Menschen zu bekehren, sondern auch, in jeder Stadt Ortsgemeinden zu gründen (Apg 14,23; siehe auch Tit 1,5; Apg 15,21).

DU BRAUCHST DIE GEMEINDE

Wenn Gott uns aus der Welt herausrettet und uns durch das Evangelium in sein herrliches Reich versetzt, fügt er uns in seiner Weisheit für gewöhnlich in eine Glaubensgemeinschaft ein. In der Apostelgeschichte lesen wir, wie Neubekehrte sofort der Ortsgemeinde hinzugetan wurden (Apg 2,47). Das Konzept eines gemeindelosen Christen ist im Neuen Testament undenkbar. Gläubige werden als Schafe bezeichnet, die zur Herde Gottes gehören. Als Schafe müssen wir allesamt gehütet und geweidet werden. Gott hat Pastoren / Älteste / Aufseher[3] eingesetzt, die sich um seine Schafe in der Ortsgemeinde / Herde kümmern sollen. Paulus sagt den Ältesten von Ephesus,

> So habt nun acht auf euch selbst und auf die ganze Herde, in welcher der Heilige Geist euch zu Aufsehern gesetzt hat, um die Gemeinde Gottes zu hüten, die er durch sein eigenes Blut erworben hat (Apg 20,28).

Einige Gläubige behaupten, dass sie sich vom Wort ernähren können, indem sie sich einfach Predigten online anhören oder gute Bücher lesen. Die Hirtenaufgabe, die im Neuen Testament beschrieben wird, geht allerdings über das Predigen hinaus und findet auch auf einer persönlichen Beziehungsebene statt. Wir alle brauchen liebevolle, christusähnliche Hirten, die uns zur Verantwortung ziehen, uns vor Sünde und Irrtum beschützen, uns in schwierigen Situationen seelsorgerlichen Rat erteilen und Mut zusprechen, uns zurüsten,

---

[3] „Ältester", „Pastor" bzw. „Hirte" und „Aufseher" beziehen sich alle auf das gleiche Amt (Apg 20,27–28; Tit 1,5.7; 1Pet 5,1–5).

dem Herrn zu dienen (Eph 4,11–12), und uns das Wort Gottes sowohl öffentlich als auch privat nahebringen (Apg 20,20). Während biblische Seelsorger außerhalb der Gemeinde ihre Sachkenntnis gebrauchen können, um einer Gemeinde zu helfen, ihre Glieder durch eine Krise zu bringen, können solche Seelsorger die nachhaltigen Hirten- und Jüngerschaftsaufgaben der Ortsgemeinde nicht ersetzen.[4] Obwohl es eine gute Sache ist, Gott individuell und im Kreise der Familie anzubeten, fordert uns Gott auch auf, das Vorrecht zu genießen, uns mit den Seinen im Rahmen der Ortsgemeinde zu versammeln, um ihn gemeinsam anzubeten (Heb 10,25; Apg 2,42; 20,7; Eph 5,19; Ps 111,2). Wenn wir uns versammeln, um unseren Retter anzubeten, bekommen wir einen Vorgeschmack davon, wie es einmal im Himmel sein wird (Offb 5,11–14)! Der Verzicht eines Gläubigen auf das Anbetungserlebnis im Kreise der Gläubigen ist ein Grund für Betrübnis (Ps 42,3).

---

[4] Der Hauptzweck des Zentrums für biblische Seelsorge IBCD (The Institute for Biblical Counseling and Discipleship), wo ich mitarbeite, besteht in erster Linie nicht darin, möglichst viel Seelsorge zu betreiben, sondern Menschen, insbesondere Verantwortliche in Gemeinden, auszubilden, die Schrift zu gebrauchen, um einander bei geistlichen Problemen zu helfen.

DIE GEMEINDE BRAUCHT DICH

Der Herr stellt dich in die Ortsgemeinde, damit du ihm und den Seinen dienen kannst. So wie jeder Körperteil eines Menschen wichtig ist, so spielt jeder Gläubige eine wichtige Rolle im Leib der Ortsgemeinde (1Kor 12,7.14–26). Durch die Gemeinde genießen wir das Vorrecht, andere lieben zu können, indem wir deren Bedürfnisse ganz praktisch erfüllen (Apg 2,44–45), unsere Geistesgaben zum Einsatz bringen, um einander zu erbauen (Röm 12,4–8), und einander gegenseitig ermutigen (Röm 15,14; Eph 4,15; Heb 3,13; 10,24).

> In der Bruderliebe seid herzlich gegeneinander … Nehmt Anteil an den Nöten der Heiligen … Freut euch mit den Fröhlichen und weint mit den Weinenden! (Röm 12,10a.13a.15)

Jene, die sich selbst nicht einer Ortsgemeinde verpflichtend zur Verfügung stellen, berauben letztendlich ihre Geschwister des Geschenks, das sie laut Gottes Absicht für die Seinen sein sollen.

MUSST DU DICH EINER GEMEINDE ANSCHLIESSEN?

Viele weigern sich, sich einer Ortsgemeinde verbindlich anzuschließen, weil sie nicht gerne Verpflichtungen eingehen oder sich nicht gerne der Autorität anderer fügen. Andere begründen den Umstand, dass sie sich keiner Gemeinde anschließen wollen, damit, dass die Bibel eine Gemeindemitgliedschaft nicht ausdrücklich erwähnt. Anstatt sich auf eine bestimmte Gemeinde festzulegen, besuchen einige bekennende Christen gerne von einer Woche zur anderen unterschiedliche Gemeinden (oder auch mal keine Gemeinde, wenn ihnen nicht danach ist, am Sonntagmorgen früh aufzustehen). Hat die Bibel etwas dazu zu sagen?

Denke daran, dass, obwohl der Begriff „Dreieinigkeit" im Neuen Testament nicht auftaucht, das Konzept des dreieinen Gottes jedoch zweifelsohne ein biblisches Konzept ist. Genauso verhält es sich mit dem Begriff „Gemeinde(mit)glied". Er wird zwar im Neuen Testament nicht ausdrücklich gebraucht, doch das der Gemeindemitgliedschaft zugrundeliegende Konzept ist eindeutig biblisch. In 1. Korinther 12,12 gebraucht Paulus das Wort „Glieder" im Sinne von menschlichen Körperteilen, um zu veranschaulichen, wie jeder Gläubige einen wesentlichen Teil der Gemeinde ausmacht. Gemeindemitgliedschaft bedeutet, dass ein Gläubiger sich einer bestimmten Gemeinde zugehörig fühlt, wo er sich mit anderen versammelt, um gemeinsam anzubeten (Heb 10,25), wo er seine Geistesgaben zum Einsatz bringt, um den örtlichen Leib zu erbauen (1Pet 4,10–11), wo er seinen Mitgläubigen Liebe entgegenbringt (1Joh 4,7–8) und wo er sich den Leitern unterordnet (1Thes 5,12–13). Der Autor des Hebräerbriefes schreibt,

> Gehorcht euren Führern und fügt euch ihnen; denn sie wachen über eure Seelen als solche, die einmal Rechenschaft ablegen werden, damit sie das mit Freuden tun und nicht mit Seufzen; denn das wäre nicht gut für euch (Heb 13,17).

Den Verantwortlichen der Gemeinde wird gesagt, dass sie einmal für die Schafe, die Gott ihnen anvertraut hat, Rechenschaft ablegen werden (1Pet 5,2–3). Gemeindemitgliedschaft ist ein Mittel, um zuzuordnen, welche Schafe zu einer bestimmten Herde gehören, für die die Ältesten die Verantwortung tragen. Auch die Ausübung biblischer Gemeindezucht setzt eine Zugehörigkeit bzw. Mitgliedschaft voraus. Paulus sagt, dass wir Außenseiter nicht richten können, sondern nur diejenigen, die sich innerhalb der Gemeinde befinden. Man kann nicht ausgeschlossen werden, wenn man nicht zuvor dazu gehört hat (1Kor 5,12–13). Wenn du ein bekennender Christ bist, der sich weigert, sich einer Ortsgemeinde anzuschließen, wer soll dann über deine Seele wachen? Über wen müssen die Ältesten dann laut Hebräer 13,17 Rechenschaft ablegen?[5] Wenn du dich keiner Gemeinde anschließt, bringst du damit im Grunde zum Ausdruck, dass du keine Rechenschaft brauchst.

Wer sich weigert, sich einer Ortsgemeinde verbindlich anzuschließen, ist somit der Schrift ungehorsam. Jene, die allen Nutzen einer Gemeindemitgliedschaft haben wollen, ohne auch die jeweiligen Verpflichtungen einzugehen, machen im Grunde nichts anderes, als „mit der Gemeinde zu flirten bzw. eine unverbindliche Freundschaft mit ihr einzugehen"[6]; wie ein Mann, der alle Vorteile einer Freundin haben möchte, ohne sich zur Ehe mit ihr zu verpflichten. Andere haben solche bekennenden Christen mit geistlichen Anhaltern verglichen, die umsonst mitgenommen werden wollen, ohne ihren eigenen Beitrag zu leisten.[7]

---

[5] Die Autorität der Ältesten ist der Autorität der Schrift untergeordnet und es obliegt den Gliedern, letztendlich Gott zu gehorchen (Apg 5,29).
[6] Siehe: Joshua Harris, *Stop Dating the Church: Fall in Love with the Family of God* (Colorado Springs, CO: Multnomah, 2004).
[7] Dave Harvey, *Rescuing Ambition* (Wheaton, IL: Crossway, 2010), S. 160.

Es ist also klar, dass die Bibel Gemeindemitgliedschaft bzw. Gemeindezugehörigkeit lehrt. Wie dies allerdings im Einzelnen umgesetzt wird, unterscheidet sich von Gemeinde zu Gemeinde. Einige Gemeinden haben schriftlich aufgesetzte Mitgliedschaftsvereinbarungen. Es ist sogar möglich, dass eine Gemeinde, die eigentlich keinen offiziellen Mitgliedschaftsprozess hat, jene, die sich dem Leib verpflichtend zugehörig fühlen, identifiziert und sich um sie kümmert und somit eine *de facto* Mitgliedschaft herstellt.

MITGLIEDSCHAFT BRINGT VOR-RECHTE MIT SICH

Die Person, die sich keiner Ortsgemeinde verpflichtend anschließt, wird nie in den Genuss des Segens kommen, der daraus entspringt, dass man ein fester Bestandteil der Gemeindefamilie ist. Ihre Gelegenheiten zum Dienen werden wahrscheinlich begrenzt sein. Warum sollte eine Gemeinde einer Person, die sich nicht verpflichten will und sich der Rechenschaft entzieht, gestatten, einen Hauskreis oder irgendeinen anderen Dienst zu leiten?

Die Gläubigen in der frühen Gemeinde nahmen sich gegenseitig in die Pflicht, auch zu Zeiten persönlicher und finanzieller Krisen (Apg 2,44–45; 4,32; 2. Korinther 8–9). Eine gottgefällige Ortsgemeinde wird ihren treuen Gliedern in Zeiten der Not wohlwollend zur Seite stehen. Es ist jedoch nicht einsichtig, warum eine Person, die sich einer bestimmten Gemeinde nicht verpflichtend angeschlossen hat, erwarten sollte, dass diese Gemeinde ihr in gleicher Weise unter die Arme greift, wie sie das für ihre Mitglieder tun würde. Die meisten Gemeinden sind nicht in der Lage, Menschen, die ihnen nicht zugehörig sind und die sie nicht gut kennen, wesentlich zu helfen, weil sie zum einen nicht über die notwenigen Ressourcen verfügen und zum anderen, weil die Bibel davor warnt, jenen zu helfen, die sich weigern, fleißig zu sein (2Thes 3,6–13).[8] Gleichermaßen, wenn Gemeindezugehörige eine geistliche Krise erleben, sollten die Verantwortlichen ihrer Gemeinde sich in der Pflicht sehen, sich zu bemühen,

---

[8] Ortsgemeinden werden oft von bekennenden Christen besucht, die schmarotzen wollen. In meiner Gemeinde fragen wir solche Leute gewöhnlich, in welcher Gemeinde sie Mitglied sind, damit wir ihnen helfen können, mit den Verantwortlichen ihrer eigenen Gemeinde in Kontakt zu treten, um Hilfe zu bekommen. Normalerweise stellt sich dann heraus, dass sich diese Leute niemandem verpflichtet fühlen und dass sie Rechenschaft scheuen (Heb 13,17; 2Thes 3,6–13).

ihnen auf aufopfernde Weise biblischen seelsorgerlichen Rat zu geben und sie in dieser schwierigen
Situation zu begleiten. Schafe, die sich keiner Herde
zugehörig fühlen, werden womöglich in Krisenzeiten
erleben, dass es für sie viel schwieriger ist, den glei-
chen Grad von Zuwendung zu bekommen.[9]

EINE VERPFLICHTENDE ZUGEHÖ-RIGKEIT ZU EINER ORTSGEMEINDE ERFORDERT GNADE

Bekanntlich gibt es keine perfekte Gemeinde. Genauso
wenig gibt es das perfekte Gemeindeglied. Wie schon
der alte Witz besagt, wenn du glaubst, eine perfekte
Gemeinde gefunden zu haben, schließe dich ihr nur
nicht an, weil sie sonst nicht länger perfekt ist. Wann
immer Sünder auf engem Raum zusammenarbeiten,
ob in Gemeinden oder Familien, kommt es zu Kon-

---

[9] So wird beispielsweise unser biblisches Seelsorgezentrum, das
unter der Schirmherrschaft unserer Gemeinde geführt wird, von
Hilfesuchenden (von denen die meisten nicht zu Gemeinden gehören, die eine solche biblische Hilfe anbieten) derart überrannt,
dass wir nicht die Ressourcen haben, jedem einzelnen sofort zu
helfen. Viele müssen auf eine Warteliste gesetzt werden. Andererseits stehen unsere Pastoren und Seelsorger unseren Gemeindegliedern jeder Zeit, Tag oder Nacht, zur Verfügung.

flikten und Enttäuschungen. Doch Gott gebraucht die Herausforderungen und Prüfungen, die sich in diesen zwischenmenschlichen Beziehungen ergeben, um uns zu läutern und uns zu heiligen, damit wir Christus ähnlicher werden (Jak 1,2–4). Anstatt also aufzugeben und unsere Geschwister abzuschreiben, haben wir das Vorrecht, Gottes Gnade widerzuspiegeln, wenn wir lernen, einander anzunehmen, „gleichwie auch Christus uns angenommen hat, zur Ehre Gottes" (Röm 15,7).

Nachdem wir nun gesehen haben, dass Gemeindezugehörigkeit biblisch ist, stellt sich die Frage, wie wir bei der Gemeindeauswahl vorgehen sollten. Der Rest dieses Büchleins soll dieser Frage gewidmet sein.

2.
WIE MAN EINE GEMEINDE NICHT AUSSUCHT

Viele Menschen halten an den falschen Orten nach Liebe Ausschau. Gleichermaßen hat einer der Hauptgründe, warum Christen der große Segen entgeht, den Gott den Seinen durch die Gemeinde zuteilwerden lassen möchte, damit zu tun, dass ihre Gemeindewahl sich nicht auf biblische Prioritäten gründet. Ratsuchende, die sich auf der Suche nach einer Gemeinde befinden, bitte ich oft darum, eine Prioritätenliste dessen aufzustellen, was ihnen am wichtigsten ist. Andere frage ich, warum sie genau die Gemeinde ausgesucht haben, der sie angehören. Üblicherweise bekomme ich folgende Antworten zu hören:

- Ich will eine Gemeinde, deren Musikstil ich mag (traditionell oder zeitgenössisch).

- Ich will eine Gemeinde, die eine Vielfalt an Programmen für meine Kinder bietet (oder ich will eine Gemeinde, die keine Kinderprogramme anbietet).

- Ich will in eine Gemeinde gehen, wo ich bereits viele Freunde habe (oder ich möchte einen Neuanfang machen und neue Leute kennenlernen).

- Ich will einen Prediger, dem man gut zuhören kann, weil er ... (humorvoll, tiefgründig, nicht zu tiefgründig usw.) ist.

- Ich will eine Gemeinde mit einem schönen Gemeindehaus bzw. Gemeindegelände (oder die sich zuhause trifft).

- Ich will in eine kleine (oder große) Gemeinde gehen.

- Ich will in eine Gemeinde gehen, wo uns die Leute ähnlich sind (hinsichtlich unseres Alters, unserer sozialen Schicht, unseres ethnischen Hintergrunds usw.). (Oder: Ich will in eine Gemeinde gehen, wo die Menschen anders sind!)

- Ich will in eine Gemeinde gehen, wo man sich (nicht) schick anziehen muss.

- Ich will in eine Gemeinde gehen, wo die Leute sich (nicht) politisch engagieren.

- Ich will in eine Gemeinde gehen, die viele Singles in meinem Alter hat, damit ich einen Ehepartner finden kann.

Während jeder dieser Faktoren eine untergeordnete Rolle bei der Gemeindewahl spielen könnte, hat keiner davon einen biblischen Stellenwert. Die Schrift schreibt weder einen bestimmten Musikstil, noch eine bestimmte Größe der Ortsgemeinde, noch eine bestimmte Kleiderordnung vor. Die Bibel lehrt, dass die geistliche Unterweisung von Kindern in erster Linie die Verantwortung der Eltern ist (5Mo 6,7–9; Spr 1,8; 4,1). Jegliche Kinderprogramme in der Gemeinde dienen lediglich der Ergänzung der elterlichen Unterweisung. Kinder, die evtl. noch nicht gläubig sind und sich hauptsächlich von Spaß und Snacks beeindrucken lassen, sollten nicht der entscheidende Faktor sein dafür, wo die Familie hingeht, um Gott anzubeten.

Wenn diese Überlegungen also nicht die entscheidenden Kriterien für die Gemeindewahl darstellen, was sind sie dann?

3.
WORAUF MAN BEI DER AUSWAHL EINER GE- MEINDE ACHTEN SOLLTE

Manchmal fordere ich einen Gläubigen, dessen Liste einige der Kriterien vom letzten Kapitel aufweist, heraus, eine neue Liste anzulegen, die sich ausschließlich auf die Schrift gründet (jeweils mit entsprechender Bibelstelle). Ich glaube, dass die wichtigsten Faktoren die folgenden zehn Punkte beinhalten.

1. STEHT BEI DIESER GEMEINDE DAS EVANGELIUM VON JESUS CHRISTUS IM MITTELPUNKT?

Wenn ich eine Gemeinde besuche, stelle ich mir oft die Frage, „Worum geht es in dieser Gemeinde?" Man merkt, was wirklich wichtig ist, wenn man darauf achtet, was von der Kanzel herunter betont, was unter den Leuten diskutiert und sogar was an den Wänden ausgehängt wird. Manchmal frage ich normale Ge-

meindeglieder, „Warum gehst du in diese Gemeinde?"
Bei einigen Gemeinden dreht sich alles um Musik. Einige mögen die Gemeinde, weil ihr eine christliche
Schule angegliedert ist, weil das Kinderprogramm
ausgezeichnet ist oder vielleicht sogar, weil sie gerade
kein Kinder- oder Jugendprogramm anbietet. Einige
besuchen eine bestimmte Gemeinde, weil sie einen berühmten Prediger hat oder dort die *richtigen Leute*, einschließlich bestimmter Berühmtheiten, hingehen. Einige mögen eine Gemeinde aufgrund des politischen
Aktivismus der Gemeindeglieder. Einige Gemeinden
konzentrieren sich auf ihr kirchengeschichtliches Erbe
oder ihr Glaubensbekenntnis.

Doch Paulus sagt den Korinthern,

> Denn ich hatte mir vorgenommen, unter euch
> nichts anderes zu wissen als nur Jesus Christus,
> und zwar als Gekreuzigten (1Kor 2,2).

Die beste Antwort, die ich von einem Gemeindeglied
bekommen könnte auf die Frage, worum es in einer
bestimmten Gemeinde geht, ist „Ich gehe in diese Gemeinde, weil bei ihr das wunderbare Evangelium von
Jesus Christus im Mittelpunkt steht". Der zentrale
Stellenwert des Evangeliums wird dann jeden Aspekt
des Gemeindelebens durchdringen. Die Predigten
werden sich auf das Evangelium und die Ehre Chris-

ti konzentrieren, anstatt auf das Charisma des Leiters (Joh 3,29–30). Die Anbetung wird die Gnade Gottes, wie sie sich im Evangelium offenbart, erheben. Die Beziehungen werden die Liebe Gottes, die uns durch das Evangelium zuteilwurde, widerspiegeln. Die Grundlage für die Aufnahme in die Gemeinde wird die Gemeinschaft des Evangeliums sein (Röm 15,7) und die Evangelisationsbestrebungen und andere Programme und Aktivitäten werden darauf abzielen, das Werk des Evangeliums zu fördern. Das Aroma des Evangeliums durchdringt eine gesunde Gemeinde.

2. IST DIESE GEMEINDE FEST AUF GESUNDE BIBLISCHE LEHRE GEGRÜNDET?

Man kann sich zwar ein Bild von dem machen, was eine Gemeinde glaubt, wenn man deren Glaubensgrundlage oder Glaubensbekenntnis liest, doch sollte man auch sorgfältig darauf achten, was tatsächlich gepredigt und gelehrt wird, um zu sehen, ob man sich auf fester biblischer Grundlage befindet (Tit 1,9; 2,1). Einige Gemeinden sind von ihrem biblischen Erbe abgewichen. Die wichtigste Lehre, zu der eine Gemeinde deutlich stehen muss, ist die Heilslehre (Gal 1,8):

- Wer ist Gott? Hat diese Gemeinde eine hohe Meinung von und eine biblische Sicht auf Gottes Eigenschaften und hat sie dessen höchste Ehre im Sinn (Apg 17,24–29; Röm 11,33–36)?

- Wer ist der Mensch? Glaubt diese Gemeinde, dass wir im Grunde gut oder schlecht sind? Die Schrift lehrt, dass wir Sünder sind, die den Zorn Gottes verdient haben (Röm 3,23; 6,23).

- Wer ist Jesus? Die Schrift lehrt, dass Jesus völlig Gott und völlig Mensch ist (Joh 1,1–2.14; Kol 2,9). Jesus lebte ein vollkommenes Leben, starb für uns stellvertretend am Kreuz, bezahlte die Strafe, die wir verdient hatten (2Kor 5,21; 1Pet 3,18), und wurde von den Toten auferweckt (1Kor 15,3–4).

- Werden wir aus unseren Werken oder aus Gottes Gnade gerettet? Die Bibel lehrt, dass unser Heil das Werk Gottes ist: Wir werden allein aus seiner Gnade errettet, allein durch den Glauben, allein in Christus (Eph 2,8–9; Röm 3,21–26; Gal 2,16). Die Person, die an Christus glaubt, kommt augenblicklich in den Genuss einer perfekten Stellung vor Gott, indem ihr die Gerechtigkeit Christi zugerechnet wird. Es gibt nichts, was der Gläubige tun könnte, um seinem Status etwas hinzuzufügen oder Abstriche davon zu machen (Phil 3,9). In

keiner Hinsicht leisten unsere Werke und religiö-
sen Zeremonien (einschließlich Taufe und Abend-
mahl) irgendeinen Beitrag zu unserem Seelenheil.

Darüber hinaus sollte eine Gemeinde auch beteuern,
dass die Bibel inspiriert (gottgehaucht, 2Tim 3,16)
und irrtumslos – die einzige Autorität für Glaube und
Praxis – ist. Ferner sollte eine Gemeinde die Hinlänglichkeit der Schrift bejahen. Sie sollte bejahen, dass die
Bibel ausreicht, um uns zu jedem guten Werk für Leben und Gottesfurcht zuzurüsten (2Tim 3,17; 2Pet 1,3),
anstatt sich beim Umgang mit geistlichen Dingen auf
weltliche Philosophie und Psychologie zu verlassen
(Kol 2,8–9; Röm 12,1–2).

Was lehrt diese Gemeinde außerdem noch? Über diese
Hauptlehren hinaus solltest du in Erfahrung bringen,
was eine Gemeinde in Bezug auf Erwählung versus
freien Willen, Taufe (Glaubenstaufe oder Säuglings-
taufe), Prophetie (prämillenialistisch; amillenialistisch
usw.) und Geistesgaben wie Zungenrede und Weissa-
gung (Cessationismus oder Kontinuationismus) lehrt.

Muss man mit allem übereinstimmen? Solange es
eine grundlegende Übereinstimmung in Bezug auf
die wichtigsten Lehren wie das Heil und die biblische Autorität gibt, kannst du selbst in einer Gemeinde zurechtkommen, mit der du dir bezüglich der

zweitrangigen Lehren uneinig bist. Für unabhängige Denker wäre es sogar ungewöhnlich, wenn sie mit der Lehre einer bestimmten Gemeinde in jeder Hinsicht übereinstimmen würden. Vielleicht gibt es auch einige Lehrpunkte, wozu du dir noch keine Meinung gebildet hast. Wie flexibel du bist, hängt davon ab, was du in Bezug auf Lehre und Praxis zu tolerieren in der Lage bist. Erwäge auch, wie flexibel die Gemeinde ist, ihren Gliedern oder Leitern (falls du einen Leiterdienst anstrebst) zu gestatten, von deren Ansichten in Bezug auf zweitrangige Lehren abzuweichen. Wenn dich deine lehrmäßigen Differenzen davon abhalten würden, dich der Gemeinde offiziell anzuschließen oder deine Gaben zum Einsatz zu bringen, um zu dienen, solltest du dich wahrscheinlich nach einer anderen Gemeinde umsehen.

3. WIRD DIE BIBEL WOCHE FÜR WOCHE TREU GEPREDIGT?

Paulus ermahnt Timotheus,

> Daher bezeuge ich dir ernstlich vor dem Angesicht Gottes und des Herrn Jesus Christus, der Lebendige und Tote richten wird, um seiner Erscheinung und seines Reiches willen: Ver-

> kündige das Wort, tritt dafür ein, es sei gelegen
> oder ungelegen; überführe, tadle, ermahne mit
> aller Langmut und Belehrung! Denn es wird
> eine Zeit kommen, da werden sie die gesunde
> Lehre nicht ertragen, sondern sich selbst nach
> ihren eigenen Lüsten Lehrer beschaffen, weil
> sie empfindliche Ohren haben (2Tim 4,1–3).

Das, wovor Paulus damals warnte, ist heute einge-
troffen. Viele beliebte Prediger sagen den Leuten, was
diese hören wollen und lassen jene Teile der Schrift
aus, die verärgern oder herausfordern könnten. Einige
Prediger sind nichts anderes als Geschichtenerzähler,
Pop-Psychologen oder Philosophen. Das Wichtigste
an einem Prediger ist jedoch nicht sein Sinn für Hu-
mor oder gar seine Redegewandtheit, sondern seine
Treue (2Tim 2,2). Ein treuer Prediger predigt nur das
Wort Gottes, welches seine einzige Autorität ist. Er
predigt zudem das gesamte Wort – den ganzen Rat-
schluss Gottes (Apg 20,27) – einschließlich der schwierigen Abschnitte über Gottes heiligen Zorn gegen Sünde. Ein treuer Prediger ermutigt nicht nur, sondern er
ermahnt auch und tadelt Sünde.

Jede treue Verkündigung gründet sich auf das Evangelium (das, was Gott für uns getan hat). Paulus sagte, dass er unbedingt nach Rom reisen wollte, um den

Gläubigen dort das Evangelium zu predigen (Röm 1,15). Als Gläubige müssen wir das Evangelium wöchentlich hören, um in unserer neuen Identität in Christus gegründet zu sein, die uns motiviert und befähigt, in Anbetracht dessen zu leben, was Gott für uns getan hat (Röm 6,11; 2Kor 5,17). Jeder von uns – und davon sind Prediger nicht ausgenommen – hat bestimmte Vorstellungen von dem, was beim Predigen betont werden sollte – das Evangelium versus das Gesetz, Ermutigung versus Korrektur usw. Da die Schrift selbst vollkommen ausgewogen ist, glaube ich, dass es der beste Ansatz ist, wenn man durch die Bücher der Bibel bzw. durch längere zusammenhängende Schriftabschnitte predigt. Im Laufe der Zeit wird sich dann auch genau das herauskristallisieren, was die Bibel betont. Wenn du eine Gemeinde besuchst, stelle dir die folgenden Fragen: Ist diese Predigt dem Wort Gottes getreu? Dient das Evangelium als Unterbau für jede Predigt? Sind jene, die predigen, auch dafür von Gott begabt worden (1Tim 3,2)? Ist dies ein Ort, wo meine Familie Woche für Woche mit dem Wort Gottes gespeist wird?

4. IST DIE ANBETUNG BIBLISCH UND STEHT GOTT DABEI IM MITTELPUNKT?

Die wichtigste Person, der wir durch unsere Anbetung gefallen wollen, ist Gott selbst. Er sucht Anbeter, die ihn in Geist (aufrichtig und von Herzen) und in Wahrheit anbeten (Joh 4,23–24). Nicht jede Anbetung ist annehmbar für Gott (Jes 1,14; Mt 15,8–9). Unter dem alten Bund schrieb Gott die Art und Weise, wie sein Volk ihn anbeten sollte, genau vor. Jene, die die Heiligkeit seiner Anbetung verletzten, bezahlten manchmal mit ihrem Leben dafür (3Mo 10,1–3). Unter dem neuen Bund ist Gottes Anbetung nach wie vor eine heilige Angelegenheit. In der frühen Gemeinde wurden einige, die Gottes Heiligkeit bei der Anbetung missachteten, krank und andere starben (1Kor 11,29–31; Apg 5,1–10).

Das Neue Testament offenbart zudem, wie wir Gott unter dem Neuen Bund anbeten sollen. Die Lehre der Apostel und die Praxis der frühen Gemeinde liefern uns ein Vorbild dafür.

> Und sie blieben beständig in der Lehre der Apostel und in der Gemeinschaft und im Brotbrechen und in den Gebeten. (Apg 2,42)

Anbetung sollte sowohl Schriftlesung als auch Schrift-verkündigung (1Tim 4,13; 2Tim 4,1–4)[10] und Gebet (1Tim 2,8) beinhalten. Die frühe Gemeinde lobte Gott auch mit Liedern (Eph 5,19; Kol 3,16) und praktizierte treu die vom Herrn verordneten Rituale des Abend-mahls (viele glauben, dass es wöchentlich gefeiert wurde, Apg 2,42; 20,7; 1Kor 11,23–26) und der Was-sertaufe. Auch Missionsberichte und Zeugnisse waren Bestandteil der Zusammenkünfte der Gemeinde (Apg 14,27).

Da die Schrift Anbetung regelt, sollte eine Gemeinde jedes Element, das in den Anbetungsgottesdienst ein-fließt, biblisch begründen können. Es ist auch wichtig, zwischen den wesentlichen Elementen (bzw. Bestand-teilen) der Anbetung und den Umständen der Anbe-tung (d. h. Gottesdienstzeiten oder Musikstil), hin-sichtlich derer wir Freiheit (und Vorlieben) haben, zu unterscheiden. Trauriger Weise denken viele Gemein-den noch nicht einmal ernsthaft darüber nach, die Bi-bel zu studieren, um in Erfahrung zu bringen, was in die Anbetung einfließen sollte. Folglich richten sie sich letzten Endes nach ihren eigenen Anbetungstraditio-nen, die oft zusätzliche unbiblische Zeremonien und

---

[10] Fälschlicherweise glauben einige, dass Singen allein schon An-betung ausmacht und dass danach die Predigt kommt. Doch das Hören des verkündigten Wortes Gottes ist ebenfalls Anbetung.

Sakramente (Mt 15,3.9) aufweisen. Andere planen ihre Anbetung in erster Linie mit dem Zweck, ungläubige Besucher anzuziehen.[11] Dieser menschenzentrierte Ansatz kann der Anbetung Abbruch tun, weil viele Gemeinden bestimmte Elemente unterbetonen oder ganz weglassen, von denen die Bibel sagt, dass sie wichtig sind. Ungläubige finden längere Gebetszeiten und gehaltvolle Schriftauslegung in der Regel nicht so spannend, sodass die Predigten knapp, aber humorvoll und die Gebete recht kurz ausfallen. Das Ergebnis ist dann, dass Gottes Kinder nicht die geistliche Nahrung bekommen, die sie brauchen und dass das gemeinsame Gebet vernachlässigt wird.

Musik wird oft als Möglichkeit gesehen, Außenstehende anzuziehen. Musik dient als äußerst effektives Mittel, durch das Gott angebetet werden kann, sodass die Herzen der Leute ergriffen werden, während sie gleichzeitig biblische Wahrheiten lernen und darüber nachsinnen. Doch einige Anbetungsgottesdienste verkommen regelrecht zu Konzerten. Das ausgewählte Liedgut lässt gemessen am biblischen Vorbild einer Anbetung, wo Gott im Mittelpunkt steht (Ps 66,5–7; 95,6; 96,8–9; 100,1–5), zu wünschen übrig. Oft werden

---

[11] Bekannte Bücher zum Thema Gemeindewachstum legen dar, wie man einen Gottesdienst für ein größeres ungläubiges Publikum plant.

sucherorientierten Gottesdiensten zusätzliche Elemente, wie Filme, Tanz und Anspiele hinzugefügt.

Während solche Aktivitäten zwar in anderen Zusammenhängen und bei anderen Gelegenheiten[12] ihren berechtigten Platz haben, werden sie in der Schrift nicht vorgeschrieben und gehen auf Kosten der wertvollen Zeit, die eigentlich den biblischen Elementen der Anbetung eingeräumt werden sollte.

Doch das soll nicht heißen, dass eine Gemeinde ungläubige Besucher ignorieren oder *sucherunsensibel* sein sollte. Anbetung sollte verständlich sein und geordnet ablaufen (1Kor 14,33). Es ist angebracht, Ungläubige in der Predigt mit dem Evangelium zu

---

[12] An Anspielen, Filmen oder Tanzeinlagen gibt es an sich nichts auszusetzen, wenn sie im angemessenen Rahmen stattfinden, so wie es auch an sportlichen Aktivitäten im angemessenen Rahmen nichts auszusetzen gibt. Doch genauso wie es nicht angebracht wäre, ein Tennismatch im Rahmen des Gottesdienstes abzuhalten, so ist es auch nicht angebracht, die kostbare Anbetungszeit mit Elementen zu überladen, die in der Schrift nicht gelehrt werden. Christen steht es frei, ihr Gemeindehaus für einen Filmabend an einem Freitag zu nutzen oder um ein Theaterstück oder eine Talentshow an einem Samstagnachmittag zu veranstalten, solange diese Veranstaltung den Anbetungsgottesdienst nicht ersetzt. Außerdem sollten diese Zusatzveranstaltungen zu einem freiwilligen Angebot gehören, während man von allen Gemeindegliedern erwarten sollte, den Anbetungsgottesdienst zu besuchen (Heb 10,25).

3. Worauf man bei der Auswahl einer Gemeinde achten sollte

konfrontieren. Doch wir sollen sie nicht unterhalten. William Still schrieb,

> Der Pastor wurde dazu berufen, die Schafe zu weiden, selbst wenn sie nicht geweidet werden wollen. Er darf unter keinen Umständen zum Unterhalter der Böcke werden. Lass die Böcke ruhig Böcke unterhalten und lass sie das ruhig im Land der Böcke tun. Man wird Böcke bestimmt nicht in Schafe verwandeln, indem man auf ihre Bockhaftigkeit eingeht.[13]

Paulus beschreibt eine Situation, in der Evangelisation ein Nebenprodukt der Anbetung sein könnte:

> Wenn aber alle weissagten, und es käme ein Ungläubiger oder Unkundiger herein, so würde er von allen überführt, von allen erforscht; und so würde das Verborgene seines Herzens offenbar, und so würde er auf sein Angesicht fallen und Gott anbeten und bekennen, dass Gott wahrhaftig in euch ist. (1Kor 14,24–25)

In diesem Szenario sagt die Person, die sich in einem Anbetungsgottesdienst bekehrt, nicht, „Ich fühle mich hier so wohl und gut unterhalten! Es ist genauso wie

---

[13] William Still, *The Work of the Pastor* (Fearn: Christian Focus, 2010), S. 23.

im Fernsehen!". Stattdessen sagt sie im Grunde, „Was ihr hier macht, unterscheidet sich von allem, was ich jemals erlebt habe. Gott ist bestimmt in eurer Mitte! Auch ich muss in Ehrfurcht vor diesem herrlichen Gott, den ihr anbetet, niederfallen!"

Wir fassen zusammen, dass Anbetung, wo Gott im Mittelpunkt steht, ein gesegnetes und freudiges Vorrecht ist (1Pet 2,5.9). Die Schlüsselfrage in Bezug auf Anbetung sollte nicht sein, „Wie hat mir dieser Gottesdienst gefallen?" oder „Was habe ich dabei empfunden?", sondern „Wurde Gott in Geist und Wahrheit angebetet?"

5. SIND DIE VERANTWORTLICHEN BIBLISCH QUALIFIZIERT UND LEGEN SIE EINANDER RECHENSCHAFT AB?

Die Leiterschaft in der Gemeinde strebt heutzutage oft danach, das Charisma, den Tatendrang und die Vision widerzuspiegeln, nach denen unsere Kultur in Führungspersönlichkeiten der Geschäftswelt oder Politik Ausschau hält. „Erfolgreiche" christliche Leiter (d. h. jene, die große Gemeinden und einflussreiche Dienste haben) schreiben Bücher über Leiterschaft, die sich eher auf Management- und Marketingmethoden zu gründen scheinen, als auf die Schrift. In diesen Modellen wird der Leiter als Schlüssel zum Erfolg angesehen. Das Neue Testament macht jedoch deutlich, dass Christus der oberste Hirte (Hauptpastor) der Gemeinde ist (1Pet 5,4; Eph 1,22; 5,23) und dass die Leiter untergebene Hirten sind. Die Männer, die die Gemeinde leiten, sind nichts weiter als Mitarbeiter in Gottes Weinberg, die ihren Dienst verrichten unter Jesus, der seine Gemeinde wachsen lässt (1Kor 3,5–9). Gemeindeverantwortliche, die darum bemüht sind, ihr eigenes Reich zu bauen, lenken von der Ehre Christi ab, der uns gelehrt hat, Diener zu sein (Joh 13,1–17; Mk 10,43). Ihre Einstellung sollte der entsprechen, die auch Johannes der Täufer an den Tag legte:

> Er [Christus] muss wachsen, ich aber muss abnehmen [die Information in eckigen Klammern wurde vom Autor hinzugefügt]. (Joh 3,30)

Biblische Leiterschaft hat eher mit Charakter zu tun, als mit Charisma. Leiter müssen gottesfürchtige, demütige, reife Gläubige sein, die ohne Tadel sind, deren Familien nicht aus der Reihe tanzen und die ein Vorbild für die Herde sind (1Tim 3,1–7). Viele dieser Qualifikationen haben mit dem Umgang mit Menschen zu tun:

... nicht gewalttätig, ... sondern gütig, nicht streitsüchtig ...

... nicht eigenmächtig, nicht jähzornig, ... sondern ... beherrscht. (1Tim 3,3; Tit 1,7–8)

Ein unqualifizierter Leiter wird sich immer durchsetzen wollen und sich anderen niemals fügen. Solche Männer werden alles daran setzen, ihre Macht zu erhalten, indem sie sogar jene, die ihre Autorität in Frage stellen, hinausdrängen oder indem sie in einen anderen Teil der Stadt gehen, um ihre eigene Gemeinde zu gründen (3Joh 9–10).

Das biblische Muster für eine Gemeinde ist eine Pluralität (also mehrere) von Ältesten / Pastoren / Aufsehern, die einander Rechenschaft geben (Apg 14,23; 20,17; Tit 1,5). Dadurch kann ein eigenwilliger Pastor / Ältester zur Verantwortung gezogen und, wenn nötig, durch seine Mitältesten gemaßregelt werden (1Tim 5,19–22; Apg 20,28–30). Eine Vielzahl von Ältesten behält das Augenmerk zudem auf Christus, dem Haupt seiner Gemeinde. Und zu guter Letzt: Da die Schrift lehrt, dass die Gemeinde von Männern geleitet werden soll (1Tim 2,12–14; 3,1–2), solltest du dich vor Gemeinden in Acht nehmen, in denen Frauen als Älteste oder „Pastorinnen" dienen. Jene, die diese biblischen

Lehren ignorieren, richten sich nach der Kultur, anstatt nach Gottes Wort.

Wenn du also eine Gemeinde besuchst, solltest du dich in Bezug auf die Gemeindeleitung kundig machen. Sind die Leiter demütige Männer, deren Gaben und Charakter der biblischen Norm entsprechen, die in 1. Timotheus 3,1–7 und Titus 1,5–9 zum Ausdruck kommt?

6. KÜMMERN SICH DIE LEITER/ PASTOREN UM DIE SCHAFE?

Sowohl Paulus als auch Petrus ermahnen die Leiter der Gemeinde, sich als Hirten um die Herde Gottes zu kümmern (Apg 20,28; 1Pet 5,2). Gemeindeverantwortliche werden daran erinnert, dass sie Gott darüber Rechenschaft abgeben müssen, wie sie sich um die Schafe gekümmert haben, die er ihrer Obhut anvertraut hat (Heb 13,17). Hesekiel 34 redet von bösen Hirten in Israel, die sich nicht um die Schafe kümmerten, sondern diese vielmehr ausnutzten und missbrauchten. Es reicht nicht, dass eine Gemeinde eine gesunde Lehre vertritt und dass wortgetreu gepredigt wird; die Leiter müssen auch darauf bedacht sein, Jesus, den guten Hirten, nachzuahmen, der sein Leben für seine

Schafe hingegeben hat (Joh 10,11). Einige Leiter sind so ehrgeizig und getrieben, der Gemeinde zu Wachstum zu verhelfen, indem sie immer mehr Menschen und Ressourcen anziehen, dass sie keine Zeit mehr haben, sich um die bedürftigen Schafe zu kümmern, die sich bereits in der Herde befinden. Viele Pastoren weigern sich, Zeit zu investieren, um Einzelpersonen und Familien, die sich in Konflikten und Krisen befinden, seelsorgerlich zu betreuen. Einige glauben nicht einmal, dass sie dazu berufen sind, sondern verweisen ihre Gemeindeglieder an außenstehende „professionelle Seelsorger", die womöglich unbiblische Ratschläge erteilen.

Glaubt die Gemeinde, die du besuchst, an die Hinlänglichkeit der Schrift, um evangeliumszentrierte Lösungen für geistliche Probleme anzubieten, mit denen Gläubige sich herumschlagen (2Tim 3,16–17) oder schickt sie ihre problembeladenen Leute zu externen Psychologen? Sind die Verantwortlichen darauf bedacht und dafür zugerüstet, am Wort Gottes zu dienen – und nicht nur öffentlich vor einer Menschenmenge, sondern auch, um das Wort Gottes in das Leben von Einzelpersonen und Familien hineinzusprechen, die Trost und Ermutigung brauchen (Apg 20,20)? Das heißt nicht, dass der Pastor als Hauptverkündiger der einzige ist, der Menschen mit Problemen hilft. Der

Vorteil einer Pluralität von Pastoren / Ältesten ist, dass viele Männer zur Verfügung stehen, die berufen und begabt sind, sich um Gottes Schafe zu kümmern. Diese Hirtenarbeit sollte sich zudem auf die Schultern vieler Gemeindeglieder verteilen (Röm 15,14), einschließlich von Frauen, die zugerüstet wurden, um sich um andere Frauen zu kümmern (Tit 2,3–5).

7. PRAKTIZIERT DIESE GEMEINDE BIBLISCHE GEMEINDEZUCHT?

Es ist Jesus ein großes Anliegen, dass seine Gemeinde rein ist, sowohl in Bezug auf Lehre als auch auf Praxis. Ferner ist es ihm nicht gleichgültig, welchen Einfluss lehrmäßiger Irrtum und Unmoral auf andere in der Gemeinde hat.

> Wisst ihr nicht, dass ein wenig Sauerteig den ganzen Teig durchsäuert?" (1Kor 5,6b)

Jesus lehrt einen Prozess, durch den Gemeindezucht erfolgen sollte (Mt 18,15–17) und versichert uns, dass eine solche Maßregelung mit seiner Autorität geschieht (Mt 18,18–20). Paulus hält sich an das, was Christus hier lehrt, und tadelt die Korinther, weil sie die Reinheit ihrer Gemeinde nicht aufrechterhalten haben. Er weist sie an,

> So tut den Bösen aus eurer Mitte hinweg (1Kor 5,13).

Heutzutage neigen Ortsgemeinden zu dem einen oder anderen der beiden Extreme, wenn es um Gemeindezucht geht. Die meisten unterlassen es, Gemeindezucht zu praktizieren. Es wird sich wenig oder überhaupt nicht darum bemüht, zu korrigieren und, wenn nötig, Gemeindeglieder auszuschließen, die an sexueller Unmoral oder anderen schwerwiegenden Sünden festhalten oder eine falsche bzw. sektiererische Lehre verbreiten. Einige Pastoren sagen, „Wir versuchen, Menschen dazu zu bekommen, in unsere Gemeinde zu kommen, anstatt sie aus der Gemeinde zu verprellen und hinauszuwerfen" oder „Wir wissen, dass wir eines Tages dahin kommen müssen, Gemeindezucht zu üben, aber wir sind noch nicht soweit" oder „Wir wollen keine Klage an den Hals bekommen". Außerdem, weil viele Gemeinden keine Gemeindezugehörigkeit pflegen, ist es nicht leicht, jemanden „auszuschließen", der offiziell gar nicht „drin" ist. Einige Gemeinden, insbesondere sehr große, kennen ihre regelmäßigen Gottesdienstbesucher nicht wirklich und sind somit nicht in der Lage, ihnen nachzugehen oder Rechenschaft zu erwirken.[14]

Gemeinden werden in Mitleidenschaft gezogen, wenn keine Gemeindezucht geübt wird. Irrlehrer ziehen andere mit und spalten die Gemeinde. Falls nichts unternommen wird, wenn Gemeindeglieder sich sexueller Unmoral hingeben, wird es umso wahrscheinlicher sein, dass andere ihrem schlechten Vorbild folgen.

Das andere Extrem ist, dass einige wenige Gemeinden, die womöglich auf die Nachlässigkeit der Mehrheit reagieren, ihre Gemeindeglieder ungebührlich streng maßregeln. Sie schließen Leute wegen unbedeutenden lehrmäßigen Differenzen oder kleineren Verstößen aus. Gottlose Leiter missbrauchen Gemeindezucht, um sich selbst vor jenen zu schützen, die ihre Macht bedrohen (3Joh 9–10). Biblische Gemeindezucht ist in einer sanftmütigen, liebevollen und geordneten Art und Weise zu praktizieren, wobei die Zurechtbringung des auf Irrwege geratenen Bruders bzw. der Schwester (Gal 6,1; 2Kor 2,6–8; Mt 18,12–15) und die Aufrechterhaltung der Ehre Christi stets im Vordergrund stehen sollten.

---

[14] Es ist möglich, dass auch große Gemeinden eine effektive Hirtenarbeit durchführen und Gemeindezucht ausüben können, indem sie ihre Gemeindeglieder bestimmten Leitern / Ältesten zuordnen, damit diese ihnen nachgehen können.

8. RÜSTET DIESE GEMEINDE SEINE GLIEDER ZU, GOTT ZU DIENEN?

Paulus sagt uns, dass Christus der Gemeinde

> etliche als Hirten und Lehrer, zur Zurüstung der Heiligen, für das Werk des Dienstes, für die Erbauung des Leibes des Christus" [gegeben hat] (Eph 4,11b–12).

Diejenigen, die in der Gemeinde ein Leitungsamt tragen, sind nicht dazu berufen, allein alle Dienste auszuüben, sondern vielmehr dazu, jedes Gemeindeglied zuzurüsten, damit es seine Gaben zum Einsatz bringt, um die Gemeinde zu erbauen (1Pet 4,10–11). Ermutigen die Ältesten/Pastoren der Gemeinde, die du besuchst, jedes Gemeindeglied zum Dienen? Haben die Glieder die Möglichkeit, ihre Gaben zum Einsatz zu bringen und neue Dienste ins Leben zu rufen? Ermutigen die Ältesten/Pastoren zukünftige Leiter und rüsten sie diese zu (2Tim 2,2)? Ist dies eine Gemeinde, wo jemand mit dir Jüngerschaft praktizieren kann und wo du die Gelegenheit hast, mit anderen Jüngerschaft zu praktizieren? Handelt es sich um eine Gemeinde, wo du aufblühen kannst in deinem Dienst für Christus und für die Seinen? Werden in dieser Gemeinde Männer und Frauen ermutigt und zugerüstet, gottesfürchtige Ehemänner, Ehefrauen, Eltern, Arbeitnehmer, Arbeitgeber und Bürger zu sein (Eph 5,22–6,9; Röm 13,1–7)?

9. VERFÜGT DIESE GEMEINDE ÜBER EINE KULTUR DER GNADE, DER LIEBE UND DES FRIEDENS?

Paulus schreibt,

> Ist es möglich, soviel an euch liegt, so haltet mit allen Menschen Frieden ... Darum nehmt einander an, gleichwie auch Christus uns angenommen hat, zur Ehre Gottes (Röm 12,18; 15,7).

Gott nimmt uns nicht aufgrund unserer Äußerlichkeiten oder gar aufgrund unserer Werke an, sondern aus seiner Gnade, die uns in Christus zuteilwird. Werden Menschen in dieser Gemeinde akzeptiert und willkommen geheißen ungeachtet ihres ethnischen und sozialen Hintergrunds, ihrer geistlichen Schwachheiten oder ihrer Meinungsverschiedenheiten bezüglich zweitrangiger Fragen (wie z. B. Entscheidungen hinsichtlich der Schulbildung ihrer Kinder, Ansichten zum Konsum von bestimmten Speisen und Getränken, dem eingeräumten Stellenwert von Kinder- und

Jugendarbeit in der Gemeinde, Sichtweisen hinsichtlich der Endzeit / der Entrückung usw.)?

Weil wir immer noch Sünder sind, wirst du keine Gemeinde finden, die von Konflikten verschont bleibt. Doch ist die betreffende Gemeinde eine solche, in der die Gemeindeglieder mit ihren Konflikten so umgehen, dass sie nachsichtig und gnädig zueinander sind (Spr 19,11; 1Pet 4,8) und dem Frieden nachjagen (Röm 12,18; Heb 12,14)? Sind die Leute bemüht, ihre Konflikte auf direkte, biblische und sanftmütige Weise zu lösen (Mt 8,15; Gal 6,1), anstatt sich an übler Nachrede, Tratsch und Mobbing zu beteiligen? Lieben diese Menschen einander und genießen sie die Gemeinschaft miteinander (Joh 15,12; Apg 2,46; Röm 12,10)? Praktiziert man Gastfreundschaft (1Pet 4,9)? Gebraucht man Worte in erbaulicher Weise (Eph 4,15.29; Heb 3,13; 10,24)? Werden soziale Außenseiter und Schwache mit einbezogen und umsorgt (Heb 12,13; 1Thes 5,14)? Kümmern sich die Gemeindeglieder liebevoll um ihre gegenseitigen materiellen Belange, insbesondere jene der Witwen (Apg 2,46; Jak 1,27)?

Die Gemeinschaftsstrukturen außerhalb des Anbetungsgottesdiensts unterscheiden sich von Gemeinde zu Gemeinde. Einige kleinere Gemeinden haben vielleicht eine Versammlung mitten in der Woche, wo eine enge Gemeinschaft innerhalb der Gemeindefamilie stattfinden kann. Viele Gemeinden haben Hausbibelkreise, die sich während der Woche treffen und wo deren Teilnehmer auf die gegenseitigen Bedürfnisse eingehen. Es geht nicht in erster Linie um das „Programm", sondern darum, dass die biblischen „Einander"-Befehle umgesetzt werden.

10. HAT DIESE GEMEINDE EINEN NACH AUSSEN GERICHTETEN FOKUS – MISSION, EVANGELISATION UND GEMEINDEGRÜNDUNG?

Einige Gemeinden verfügen über derart enge Familienbande, dass es einem Außenstehenden schwerfällt, dort hineinzufinden. Andere Gemeinden sind so sehr um Genauigkeit in ihrer Lehre und Praxis bemüht, dass sie mehr Energie darauf verwenden, die falschen Leute fernzuhalten, als Außenstehende willkommen zu heißen. Jesus hat uns den Missionsauftrag gegeben, um sein Evangelium in die Welt hinauszutragen, damit Jünger gemacht werden können, die ihm dienen und ihn anbeten (Mt 28,18–20; Apg 1,8). Trauriger Weise wachsen viele Gemeinden in erster Linie hauptsächlich dadurch, dass sie Schäfchen von anderen örtlichen Herden abwerben. Strebt diese Gemeinde danach, durch Neubekehrungen zu wachsen? Werden die Glieder dieser Gemeinde dazu ermutigt und zugerüstet, persönliche Evangelisation zu betreiben? Paulus sagt,

> Euer Wort sei allezeit in Gnade, mit Salz gewürzt, damit ihr wisst, wie ihr jedem Einzelnen antworten sollt (Kol 4,6).

Im Neuen Testament findet die meiste Evangelisation nicht dann statt, wenn Ungläubige in eine Gemeindeveranstaltung kommen, sondern wenn Gläubige mit dem Evangelium in die Welt hinausgehen. Spiegeln die Glieder dieser Gemeinde Gottes Barmherzigkeit wider (Jes 45,22), indem sie versuchen, ihren Nächsten mit dem Evangelium zu erreichen? Verkünden sie das biblische Evangelium, ohne sich dessen zu schämen oder es abzuändern und vertrauen sie auf Gott, diesbezüglich Frucht zu bewirken (Röm 1,16–17; 10,13–15)? Hat diese Gemeinde einen Ruf dafür, in ihrem ungläubigen Umfeld Gutes zu tun (Gal 6,10; Jer 29,5–7)? Haben die Verantwortlichen dieser Gemeinde den Wunsch, weitere Gemeinden zu gründen? Inwiefern beteiligt sich die Gemeinde an Weltmission? Die frühe Gemeinde engagierte sich für die Evangelisation entlegener Orte. Die Gemeinde in Antiochia sandte Paulus und Barnabas auf deren erste Missionsreise (Apg 13,1–3). Verpflichtet sich diese Gemeinde, Missionare auszusondern und auszusenden? Ist sie bereit, Opfer zu bringen, so wie die Gemeinde in Antiochia es getan hat, indem sie die Besten aus ihrer Mitte hinaussandte, um das Evangelium in anderen Ländern voranzutreiben? Betet diese Gemeinde regelmäßig für die Missionare, die sie unterstützt, und begleitet sie diese? Beschäftigen sich die Missionare mit der Verbreitung des Evangeliums? Wieviel Prozent des Gemeindehaushalts ist für Mission und Evangelisation bestimmt?

TASCHENHILFE #6 Ich brauche eine Gemeinde

4.
SCHWIERIGE FRAGEN IN BEZUG AUF GEMEINDE-WAHL

Wir haben nun gesehen, worauf man bei einer Gemeinde achten sollte. Vielleicht hast du trotzdem noch Fragen wie die folgenden:

1. WIE KANN MAN IN ERFAHRUNG BRINGEN, WIE EINE GEMEINDE WIRKLICH IST?

Viele Menschen beginnen ihre Suche nach einer Gemeinde online. Erweckt die Webseite den Eindruck, dass sich bei dieser Gemeinde alles um das Evangelium dreht? Was sagt das Glaubensbekenntnis darüber aus, was die Gemeinde glaubt? Wenn eine Gemeinde kein öffentliches Glaubensbekenntnis hat, könnte das ein Hinweis darauf sein, dass diese Gemeinde mit Vorsicht zu genießen ist. Lade dir einige der Predigten herunter (eine reicht nicht, weil gute Prediger auch mal einen schlechten Tag haben und umgekehrt). Wird die Schrift treu ausgelegt? Wird Christus erhöht? Wird dir Speise für deine Seele geboten? Was sagt die Webseite über die Anbetung, die Evangelisation, die Schulungen, die Seelsorge, die Hirtenarbeit, die Gemeindezucht usw. dieser Gemeinde aus?

Falls die Gemeinde deiner ersten Prüfung standhält, besuche sie ein paar Wochen lang. Ist die Anbetung ehrfürchtig, freudig und steht Gott dabei im Mittelpunkt? Sind die Leute warmherzig und fühlst du dich willkommen? Herrscht dort eine Atmosphäre, die von der Gnade des Evangeliums durchdrungen ist? Wenn du eine Gemeinde wirklich kennenlernen willst, solltest du auch andere Veranstaltungen besuchen, die über den Hauptanbetungsgottesdienst hinausgehen. Schau in die Bibelstunden hinein. Besuche die Abendgottesdienste oder Gottesdienste, die unter der Woche angeboten werden. Besuche Hauskreise oder Männer- bzw. Frauenveranstaltungen. Unterhalte dich mit den Gemeindegliedern. Lade einige der Gemeindeverantwortlichen und deren Frauen zu einer Mahlzeit bei dir zuhause ein, damit du sie kennenlernen kannst. Höre dir ihr Zeugnis und ihre Vision für die Gemeinde an und erzähle ihnen auch von dir und deinem Zeugnis. Vielleicht kannst du ihnen auch dieses Büchlein zeigen und sie nach ihrer Meinung diesbezüglich fragen!

2. WIE SIEHT ES MIT AUSSER-BIBLISCHEN VORLIEBEN AUS?

Wie bereits erwähnt, richten sich viele Menschen bei der Gemeindewahl nach Kriterien, die nicht von biblischer Relevanz sind, wie z. B. Musikstil, Kinderprogramme, Örtlichkeit, Größe und danach, wo ihre Freunde hingehen. Während du bei deiner Gemeindewahl dein Hauptaugenmerk auf die zehn ausdrücklich biblischen Faktoren legen solltest, steht es dir frei, deine eigenen Vorlieben einzubeziehen, wenn es darum geht, zwischen mehreren Gemeinden zu entscheiden, die gleichermaßen hervorragend zu sein scheinen. Das verhält sich ähnlich wie bei der Partnerwahl: ein gläubiger Single sollte biblische Erwägungen voranstellen, hat aber die Freiheit, auch andere Vorlieben bei der Wahl zwischen mehreren möglichen gottesfürchtigen Partnern des anderen Geschlechts in Betracht zu ziehen.

Ein Faktor, der vielleicht am schwierigsten abzuwägen ist, ist die Entfernung zur Gemeinde. Es ist wünschenswert, eine Gemeinde zu besuchen, die sich nahe am Wohnort befindet, damit man am Leben der Geschwister Anteil nehmen und ungläubige Freunde und Nachbarn einladen kann, die ansonsten keine lange Anfahrt auf sich nehmen würden. Diese Situation wird jedoch kompliziert, wenn du keine geeignete Gemeinde in deinem unmittelbaren Wohnumfeld finden kannst und eine beträchtliche Entfernung zurücklegen müsstest, um dich einer Gemeinde anzuschließen, die deinen biblischen Kriterien entspricht. Die Entscheidung, eine bestimmte Anfahrt in Kauf zu nehmen, wird von mehreren Faktoren, einschließlich der folgenden, abhängig sein:

- Wie sehr verfehlt eine näher gelegene Gemeinde das biblische Ideal?

- Bist du eventuell zu wertend und voreingenommen?

- Kannst du dir die Anfahrt zur besseren Gemeinde zeitlich und finanziell leisten?

- Hast du kleine Kinder, für die eine lange Anfahrt eine Zumutung sein könnte (Kol 3,21)?

- Bist du bereit, dich zu verpflichten, die Fahrt mehr als einmal pro Woche auf dich zu nehmen, um am Gemeindeleben teilnehmen zu können?

- Könntest du womöglich durch deine Mitarbeit in der schwächeren, näher gelegenen Gemeinde etwas Gutes bewirken?

- Sind die Dienstgelegenheiten in der weiter entfernten Gemeinde die lange Anfahrt wert?

Es gibt keine Patentformel, um eine endgültige Entscheidung zu treffen. Letztendlich musst du viel darüber beten und deinem eigenen Gewissen folgen.

3. WIE KANNST DU WISSEN, DASS DER RICHTIGE ZEITPUNKT GEKOMMEN IST, DICH EINER GEMEINDE ANZUSCHLIESSEN?

Ich habe Paare kennengelernt, die sich sehr schnell sicher waren, dass sie einander heiraten sollten, während andere Jahre benötigten, um sich auf einander einzulassen. Gleichermaßen habe ich Leute erlebt (oft jene, die in der Vergangenheit verletzt wurden), die eine bestimmte Gemeinde über Jahre hinweg besuchten, ehe sie sich ihr anschlossen, und andere, die ihre Recherchen zu einer bestimmten Gemeinde abgeschlossen hatten, noch ehe sie sie besuchten und dann bereit waren, sich dieser innerhalb von ein oder zwei Wochen anzuschließen. Ich habe auch erlebt, wie einige jener, die sich recht schnell auf eine Gemeinde festgelegt hatten, diese nach nur wenigen Monaten wieder verließen, weil sie sich dann doch nicht als das herausstellte, wonach sie auf der Suche waren.

Sich einer Gemeinde anzuschließen, ist eine ernsthafte Angelegenheit. Man unterstellt sich der Fürsorge und dem Hirtendienst der Verantwortlichen und man verpflichtet sich, Christus Schulter an Schulter mit den dortigen Geschwistern zu lieben und zu dienen. Andererseits ist die Zugehörigkeit zu einer Ortsgemeinde nicht vollends mit einer Ehe vergleichbar, weil es Sünde wäre, jemals aus der Ehe auszusteigen (s. unten).[15] Da uns die Schrift anweist, dass sich ein jeder von uns einer Ortsgemeinde verpflichtend anschließen sollte, und da es mit Risiken verbunden ist, wenn jemand kein geistliches Zuhause hat, glaube ich, dass es wichtig ist, dass Gläubige, die noch keine Gemeindezugehörigkeit besitzen, diesbezüglich eine zeitnahe Entscheidung treffen. Keine Gemeinde wird all deine Kriterien perfekt erfüllen. Du bist darauf angewiesen, den Gemeindegliedern mit Gnade zu begegnen, so wie diese auch dir gegenüber gnädig sein müssen. Außerdem solltest du nicht erwarten, dass Gott dir durch ein übernatürliches Zeichen zeigen wird, welcher Gemeinde du dich anschließen solltest. Er erwartet von dir, dass du die biblischen Kriterien anwendest und die bestmögliche Entscheidung triffst.

---

[15] Das ist der Fall, es sei denn, es liegen die biblischen Gründe des Ehebruchs oder des Verlassens durch einen ungläubigen Ehepartner vor.

4. WAS IST, WENN EINE FAMILIE SICH DARÜBER UNEINIG IST, WELCHER GEMEINDE SIE SICH ANSCHLIESSEN SOLLTE?

Idealerweise – sofern der Ehemann bzw. Vater gläubig ist – sollte geistliche Führungskraft beweisen, indem er die letztendliche Entscheidung trifft bezüglich der Gemeinde, in der seine Familie gemeinsam anbeten wird. Solange es lediglich um Vorlieben geht, sollte seine Frau bereit sein, sich nach ihrem Mann zu richten, sofern es sich bei seiner Wahl um eine Gemeinde handelt, die im Wesentlichen biblisch und evangeliumsorientiert ist, selbst wenn die Frau eine andere Gemeinde für besser hält. Falls der Mann sich einer Gemeinde anschließen will, die das Evangelium ablehnt, hat die Frau das Recht, sich auf respektvolle Weise zu weigern, sich dieser Gemeinde anzuschließen und sich stattdessen eine biblische Gemeinde zu suchen.

> Man muss Gott mehr gehorchen als den Menschen! (Apg 5,29b)

Gleichermaßen, selbst wenn ihr Ehemann sich weigert, sich auf eine Gemeinde verpflichtend festzulegen, hat sie das Recht, sich einer Ortsgemeinde anzuschließen (Heb 10,25; 13,27). Unter solchen Umständen sollte sie ihrem Ehemann sanftmütig und gnädig begegnen. Wenn die Kinder heranwachsen und das Erwachsenenalter erreichen, könnten sie sich unter Umständen zu einer anderen Gemeinde mehr hingezogen fühlen, als zu der, die ihre Eltern ausgewählt haben. Während es der Vater und die Mutter womöglich bevorzugen, dass ihre Kinder, die als junge Erwachsene noch in ihrem Haus wohnen, auch in dieselbe Gemeinde gehen, dürfen sie es ihnen freistellen, sich einer anderen Gemeinde anzuschließen. Unter solchen Umständen sollten sie dankbar sein, dass ihr Nachwuchs sich in einer Gemeinde wohlfühlt, die das Evangelium predigt.

5. WANN IST ES ANGEBRACHT, DIE GEMEINDE ZU WECHSELN?

Wir alle kennen Leute, die alle paar Jahre die Gemeinde wechseln bzw. immer dann, wenn sie von einer neuen Gemeinschaft erfahren, wo das Gras noch ein bisschen grüner sein könnte. Als sie sich der vorherigen Gemeinde angeschlossen hatten, waren sie wohl noch auf der Suche nach blauem Gras, mittlerweile bevorzugen sie aber grünes! Wenn jemand eine Gemeindefamilie verlässt, in der er gesegnet wurde bzw. geliebt und gedient hat, dann ist das schmerzlich, sowohl für die Person selbst als auch für diejenigen, die die Person zurücklässt. Wenn du das tust, hinterlässt du ein Loch in deiner vorherigen Gemeinde. Es wird etwas dauern, bist du in deiner neuen Gemeinde wieder Beziehungen aufgebaut und du in den Dienst hineingefunden hast. Deshalb solltest du eine solche Entscheidung nicht auf die leichte Schulter nehmen.

Wenn deine Gemeinde z. B. im Grunde solide und biblisch ist (sagen wir einmal, 85 auf einer Skala von 100 deines Schriftverständnisses darüber, was eine Gemeinde sein sollte) und du von einer anderen Gemeinde in der Gegend erfährst, die sich besser anhört (vielleicht 91 auf derselben Skala), dann sollten deine Erwägungen hinsichtlich der bestehenden Beziehungen und deiner Verbindlichkeit darauf hinauslaufen, dass es vermutlich weiser wäre, bei deiner alten Gemeinde zu bleiben. Andererseits passiert es auch, dass sich Menschen und Gemeinden im Laufe der Zeit verändern. Gemeinden entfernen sich manchmal von ihren biblischen Wurzeln. Einige Gemeindeglieder könnten sich entscheiden, die Gemeinde zu verlassen, weil sie sich von der biblischen Norm dessen, was eine Gemeinde sein sollte, zu sehr entfernt hat (vielleicht von 80 auf 40).

Es könnte auch sein, dass du es bist, der sich verändert hat, weil die Schrift dein Verständnis in Bezug auf die Gemeinde geprägt und verändert hat. Vielleicht merkst du, dass deine derzeitige Gemeinde der biblischen Norm in einem solchen Maß nicht entspricht, dass du nicht mit gutem Gewissen dort bleiben kannst. Ehe du die Gemeinde verlässt, wende dich respektvoll an die Gemeindeleitung, um den Verantwortlichen von der Schrift her aufzuzeigen, welche Veränderungen die Gemeinde nach deinem Verständnis nötig hätte und dann biete deine Hilfe an. Es könnte sein, dass man an diesem Punkt froh ist, wenn du gehst. Wenn du eine Gemeinde verlässt, sei direkt, sanftmütig und ehrlich. Verschwinde nicht einfach; sage den Verantwortlichen vielmehr, *dass* du gehst und *warum* du gehst. Sofern es dir möglich ist, bringe deine Dankbarkeit zum Ausdruck für den Segen, den du durch die Gemeinde empfangen hast. Einige Gemeindeverantwortliche werden böse oder sind verärgert, wenn ihre Gemeindeglieder sie verlassen (obwohl sie nichts dagegen zu haben scheinen, wenn Leute andere Gemeinden verlassen, um sich ihnen anzuschließen). Zwar sollten jene, die ihre Gemeinde verlassen wollen, sich in die Lage der Verantwortlichen versetzen, doch müssen die Gemeindeleiter einsehen, dass die Schafe nicht ihnen, sondern Christus gehören (Apg 20,28).

SCHLUSSFOLGERUNG

Schauen wir einmal, wie es den Gläubigen, die wir eingangs kennengelernt haben, gelungen ist, eine biblische Gemeinde zu finden.

Richard und Jodie kamen zu der Einsicht, dass sie ihre alte Gemeinde aufgrund wesentlicher Unzulänglichkeiten in der Lehre und Praxis verlassen sollten. Sie konnten sich mittlerweile nicht mehr vorstellen, einen Fremden mitzubringen, um sich die inkonsequenten Predigten anzuhören. Nachdem sie sich mehrere Gemeinden angeschaut hatten, entschieden sie sich für die *Faith Bible Church*, von der sie den Eindruck hatten, dass man sie dort treu leiten und im Wort Gottes unterweisen würde. Es fiel ihnen zwar schwer, ihre alten Freunde zurückzulassen, doch sie werden jede Woche gesegnet, wenn sie hören, wie das Wort sorgfältig ausgelegt wird. Obwohl ihre vorherige Gemeinde keinen Wert auf Gemeindezugehörigkeit gelegt hatte, wurden sie nun überzeugt, in der neuen Gemeinde Mitglieder zu werden. Die Ältesten der Gemeinde betreuten sie seelsorgerlich im Hinblick auf ihre aufsässige, 14-jährige Tochter Michelle und fanden eine gottesfürchtige Frau in der Gemeinde, die sich regelmäßig mit Michelle traf. Richard und Jodie haben auch schon einige neue Freundschaften mit Leuten unterschiedlichen Alters geschlossen und finden Möglichkeiten, sich in ihrem neuen geistlichen Zuhause einzubringen.

Dan und Darla kamen letztendlich zu dem Schluss, dass trotz der Verletzungen und dem Kummer, die sie in ihrer vorherigen Gemeinde davongetragen hatten, es Gottes Wille war, dass sie eine neue Ortsgemeinde fanden, wo sie verbindlich mitarbeiten konnten. Nachdem sie mehrere Gemeinden besucht und viele Fragen gestellt hatten, entschieden sie sich für die *Grace Baptist Church*. Nachdem sie die Gemeinde über ein Jahr lang besucht und sorgfältig beobachtet hatten, baten sie die Ältesten schließlich um ein Treffen bezüglich einer verbindlichen Mitgliedschaft. Dan und Darla brachten den Ältesten gegenüber zum Ausdruck, wie dankbar sie ihnen für ihre Geduld mit ihnen während ihres Entscheidungsprozesses waren. Obwohl sie sich bewusst sind, dass keine Gemeinde perfekt oder konfliktlos ist, haben sie gesehen, wie die Leiter ihre Autorität sanftmütig ausüben und wie die Leute einander lieben und demütig nach Frieden trachten, wenn es zu Meinungsverschiedenheiten kommt. Dan und Darla freuen sich darüber, zu dieser besonderen Gemeindefamilie gehören zu dürfen.

Als die Gemeinde von **James** sich weigerte, seine Frau Sally zu maßregeln, selbst nachdem sie zu Sam gezogen war, entschloss sich James, die Gemeinde zu verlassen und sich eine andere zu suchen. Anfänglich ging er wegen der dort angebotenen biblischen Seelsorge in die *Christ Reformed Church*. Ein gottesfürchtiger älterer Herr begleitete ihn und half ihm, seinen schwierigen Umständen auf biblische und gnadenvolle Weise zu begegnen. Als James entschied, sich der Gemeinde anzuschließen, kontaktierten die Ältesten die Verantwortlichen seiner vorherigen Gemeinde, um sicherzustellen, dass er die Gemeinde dort unbescholten verlassen hatte. Darüber hinaus boten sie den Verantwortlichen der alten Gemeinde von James an, die Angelegenheit zwischen James und Sally biblisch aufzuarbeiten, doch die Leiter dieser Gemeinde waren nicht daran interessiert. Daraufhin versuchten die Ältesten, sich mit Sally in Verbindung zu setzen, um ihr die Hoffnung und Versöhnung des Evangeliums anzubieten. Sie kam einmal in die Seelsorge, doch sie entschloss sich schließlich, bei Sam zu bleiben. Während James feststellen musste, dass bei der *Christ Reformed Church* vieles anders läuft, als bei den Gemeinden, die er in der Vergangenheit kennengelernt hatte, ist er am Lernen und sehr dankbar, dass er sich in einer

Gemeinschaft befindet, wo die Leute ihm in schwierigen Zeiten beistehen.

Als **John und Cindy** prüften, was die Bibel über die Gemeinde zu sagen hat, kamen sie zu der Einsicht, dass, obwohl ihre neue Gemeinde eine gesunde Lehre vertrat, die Gemeindeverantwortlichen ihre Befugnisse überschritten und für dieses Aufgabe vermutlich nicht qualifiziert waren (1Pet 5,3). Darüber hinaus war die Atmosphäre in der Gemeinde von Gesetzlichkeit und Angst statt von Gnade geprägt. John und Cindy konnten sich nicht vorstellen, jemals ihre Freunde oder ihre Familienangehörigen in solch eine Gemeinde einzuladen. Die Verantwortlichen waren sehr verärgert, als John und Cindy sie davon in Kenntnis setzten, dass sie die Gemeinde verlassen würden. Sie drohten sogar mit Gemeindezucht und behaupteten, dass keine biblischen Gründe für ihr Verlassen vorlägen. John und Cindy tasteten sich daraufhin etwas vorsichtiger an die Entscheidung für eine neue Gemeinde heran. Nach mehreren Monaten legten sie sich auf die *New Life Community Church* fest. Sie empfanden es als großen Segen, dass dort das Evangelium im Mittelpunkt steht, was in jedem Aspekt des Gemeindelebens zutage tritt, angefangen von der Predigt bis hin zu den zwischenmenschlichen Beziehungen in der Gemeinde. Die Ältesten von *New Life* setzten sich mit der vorherigen Gemeinde der beiden in Verbindung und kamen zu dem Schluss, dass diese keine berechtigten Gründe vorzubringen hatte, um an John und Cindy Gemeindezucht zu üben. Nun, da sie als Glieder in die neue Gemeinde aufgenommen wurden, sind John und Cindy guter Hoffnung, dort ihre geistliche Heimat auf viele Jahre in die Zukunft hin gefunden zu haben!

SCHRITTE IN DER ANWENDUNG

1. Was würdest du jemandem erwidern, der sagt, „Ich will zwar Jesus, aber die Gemeinde brauche ich nicht"?

2. Was würdest du jemandem erwidern, der sagt, „Ich brauche mich der Gemeinde nicht anzuschließen, weil Gemeindemitgliedschaft in der Bibel nicht erwähnt wird"?

3. Zähle die fünf wichtigsten Faktoren auf, die du bei der Gemeindewahl zugrunde legen würdest. Liste sie in der Reihenfolge ihrer Wichtigkeit.

4. Was würdest du in Erfahrung bringen wollen, wenn dich eine befreundete Person fragen würde, ob sie die Gemeinde wechseln sollte?

5. Welche Gaben hat Gott dir gegeben, die du in der Gemeinde zum Einsatz bringen kannst?

6. Lies dir die Apostelgeschichte durch und stelle dir dabei die folgenden Fragen:

   • Was ist der Inhalt der Evangeliumsbotschaft?

- Was kannst du darüber lernen, wie eine Gemeinde zu führen ist?

- Was kannst du darüber lernen, wie Missionsarbeit aussehen sollte?

7. Zähle zehn Dinge in Bezug auf deine gegenwärtige Gemeinde auf, für die du Gott dankbar sein kannst.

WEITERFÜHRENDE RESSOURCEN

BÜCHER AUF DEUTSCH

Anyabwile, Thabiti M., *Was ist ein gesundes Gemeindemitglied?* (Leun: Herold, 2017)

Dever, Mark, *Neun Merkmale einer gesunden Gemeinde* (Waldems, 3L, 2009)

——————, *Was ist eine gesunde Gemeinde?* (Leun: Herold, 2017)

Leeman, Jonathan, *Gemeindemitgliedschaft. Wie die Welt sehen kann, wer zu Jesus gehört.* (Augustdorf, Betanien, 2017)

Mack, Wayne A. und Dave Swavely, *Leben im Haus des Vaters. Ein praktischer Leitfaden für Gemeindeglieder.* (Hünfeld: CMD, 2018)

BÜCHER AUF ENGLISCH

Crotts, John, *Loving the Church: God's People Flourishing in God's Family* (Wapwallopen, PA: Shepherd Press, 2010)

WEBRESSOURCEN

Association of Certified Biblical Counselors: www.biblicalcounseling.com

The Institute for Biblical Counseling and Discipleship: www.ibcd.org

9 Marks Ministries: www.9marks.org

TASCHENHILFE

BIBLISCHER RAT FÜR DIE NÖTE DES ALLTAGS

Die Bibel ist ein theologisches Buch – aber kann sie auch Hilfe in konkreten Herausforderungen des Alltags geben? Die Mini-Taschenbücher der Serie *Taschenhilfe* geben eindrucksvoll Antwort darauf. Sie behandeln alltägliche Nöte aus biblischer Sicht. Es gibt zum Beispiel Taschenhilfen zu folgenden Themen:

- Zorn
- Finanzielle Schulden
- Motivation
- Depression
- Pornografie
- Eheliche Untreue
- Umgang mit Krankheiten wie Krebs oder Alzheimer
- Einsamkeit
- Missbrauch
- u.v.m.

Der Fokus dieser Bücher liegt darauf, leidenden und hilfesuchenden Menschen zu helfen, und gleichzeitig sind sie eine Orientierungshilfe für diejenigen, die anderen helfen wollen. In jedem Buch wird das Evangelium klar und biblisch erklärt und auf die konkrete Herausforderung angewandt. Mit einem Umfang von 70 bis 80 Seiten sind die Bücher so kurz und das Thema ist so präzise auf den Punkt gebracht, dass man als Leser sehr schnell den Kern des Problems erkennt und den biblischen Lösungsweg versteht.

 Alle lieferbaren (und geplanten) Titel dieser Serie findest du unter:

WWW.TASCHENHILFE.DE

Berlin · Rheinland · Zürich · Wien

BERUFSBEGLEITENDE BIBELSCHULE

Wir glauben, dass eine gründliche Auslegung der Schrift und deren Anwendung das Fundament jeglichen Dienstes ist, ja sein muss. Deswegen liegt das Hauptgewicht unserer Ausbildung auf einer exakten, sorgfältigen Auslegung der Schrift, der kraftvollen Predigt und der treuen Anwendung des Wortes Gottes, und zwar Vers für Vers. Eine Kombination von Präsenz- und Fernstudium ermöglicht es den Teilnehmern, eine grundlegende Ausbildung zu erhalten, ohne dabei ihre Arbeit oder den Gemeindedienst vernachlässigen zu müssen. Der Unterricht findet jeweils an einem Wochenende pro Monat statt (Freitag bis Samstag) und erstreckt sich über jeweils 10 Monate pro Jahr.

Bibelkunde
In einem Jahr durch die Bibel

Bibelstudium mit Gewinn
Bibel- und Dienstverständnis vertiefen

Biblische Seelsorge I & II
Für Mitarbeiter/-innen in der Jüngerschaft

Auslegungspredigt I & II
Für Männer im oder auf dem Weg zum Predigtdienst

Musikdienst
Für Mitarbeiter/-innen im Musikdienst

Master of Divinity
Für Männer im Lehr- & Predigtdienst